# DISCOURS

## POUR

# UNE BÉNÉDICTION

## DE CLOCHES.

# DISCOURS

PRONONCÉ

## PAR M. L'ABBÉ DE CHAMPEAUX,

### CHEVALIER DE SAINT-LOUIS,

DANS L'ÉGLISE PAROISSIALE DU BOURG DE CETON,
DIOCÈSE DE SEEZ, DANS LE PERCHE,
ARRONDISSEMENT DE MORTAGNE;

A L'OCCASION DE LA BÉNÉDICTION DE DEUX CLOCHES, DONT MADAME
LA MARQUISE DE TURIN, AVEC M. LE COMTE DE SAINT-PAUL, ET
MADAME DUMESNIL, AVEC M. LE MARQUIS DE TURIN, ÉTAIENT
PARRAINS ET MARRAINES, LE 21 JUILLET 1824.

CHRÉTIENS,

NE soyez pas étonnés de la pompe qui accompagne la
bénédiction de ces cloches; le concours, l'affluence de
tant de fidèles de tous les âges, de tous les rangs; la pré-
sence de vos administrateurs, de vos magistrats; l'assis-
tance de votre premier pasteur et de ses dignes coopéra-
teurs; le silence de la piété, l'ablution que l'on prépare,
l'encens qui va brûler, le saint-chrême que nous allons
répandre; des parrains et des marraines qui s'avancent

avec respect pour répondre à l'interrogation de l'Eglise : tout dans cette solennité annonce les cérémonies d'un baptême, qui ne peut, il est vrai, comme le sacrement, opérer une réelle sanctification sur un vil métal, mais qui révèle le but imposant auquel l'Eglise les destine. L'Eglise autorise ses ministres à les bénir, parce qu'elle les dévoue à la majesté du culte; parce qu'elle les dédie au service divin, et que par une cérémonie éclatante, elle les consacre exclusivement à tout ce qui est bon, utile, religieux et saint, à tout ce qui est enfin digne de ses solennités.

Suspendues entre le ciel et la terre, les cloches, ces cymbales d'airain, dont le son retentissant doit, comme la trompette des anges, *mirum spargens sonum* (1), parcourir l'espace, convoquer, à la maison du Seigneur, les fidèles habitans et des monts et des vallées, percer la nue et conjurer du ciel sur eux, une rosée, une pluie de bénédictions. *Rorate, cœli, desuper et nubes pluant justum* (2).

Transmis aux alentours, et par les vents et par les montagnes, le son des cloches atteste aux solitudes l'existence, la réunion des chrétiens, et publie, jusque dans le silence des sombres forêts, l'annonce de ses solennités. Il désigne le lieu, il indique l'heure de ces pieux rassemblemens formés au nom du Seigneur, où toujours le Seigneur est présent. *Ibi sum in medio eorum* (3). Destinées sur la terre, comme

---

(1) Prose des morts.

(2) Isaïe, ch. 25, v. 8.

(3) *Ubi enim sunt duo vel tres congregati in nomine meo, ecce sum in medio eorum*, ch. 18, v. 20.

les astres dans les cieux, à publier la gloire de Dieu: *enarrant gloriam Dei* (1), les cloches ne peuvent plus, sans scandale, servir aux choses profanes, bien moins encore, (ô souvenir déplorable!) servir de signal au trouble, à la révolte, aux désordres, aux crimes.

Les différentes modulations de ces religieux et harmonieux instrumens, font éprouver à l'âme des affections bien différentes, mais qui toutes élèvent la pensée vers le ciel.

Ce timbre sonore qui, proclamant le passage du temps, manifeste l'approche de l'éternité. Il nous en avertit sans cesse; il nous dit dans le tumulte du jour, il nous redit dans le silence de la nuit : veillez, parce que vous ne savez pas l'heure à laquelle votre maître viendra. *Vigilate, quia nescitis quá horá vester dominus venturus sit.* Saint Mathieu, ch. 24, v. 42.

A la voix de la cloche, la foule fidèle se précipite vers le temple pour y recevoir le pain de la parole, la nourriture des anges, toutes les bénédictions, toutes les grâces des sacremens.

L'enfance elle-même accourt auprès de Dieu, qui remplit de joie le cœur de la jeunesse (2), et qui a dit : laissez les enfans venir à moi (3).

Un bourdonnement soudain de sons accélérés répand la

---

(1) Ps. 18.
(2) *Ad Deum qui lœtificat juventutem meam*, ps. 42.
(3) *Sinite parvulos venire ad me*, S. Marc., ch. 10, v. 14.

consternation : et se prolongeant, porte l'épouvante jusque dans les hameaux.

Sinistre appel ! cet accent lamentable, qui suspend et les travaux du jour, et le repos de la nuit, est à peine entendu, qu'il a retenti dans tous les cœurs. On quitte, on abandonne ce que l'on a de plus cher : sa maison, ses enfans ; on court, on se rencontre, on se heurte, on se questionne, chacun veut être le premier à donner des secours à son voisin, à son frère, qu'un incendie menace et va désoler. Une foule charitable et courageuse, accourne de toutes parts, se presse autour du malheur. Ah ! ce jour-là il trouve des amis jusque dans ses ennemis ; mais, que dis-je ! ce jour-là, avant de venir offrir son présent, chacun, dans son cœur, s'est réconcilié avec son frère malheureux, et deux préceptes divins sont accomplis : *Diliges proximum sicut te ipsum* (1) ; *Vade priùs reconciliari fratri tuo* (2).

Un son grave, entrecoupé, qui figure en quelque sorte les sanglots, les derniers soupirs d'un mourant, nous avertit que l'on craint pour les jours d'un de nos frères, et réclame notre intérêt pour ses besoins spirituels et temporels. Ah ! si l'on n'a pas la faculté comme le désir de lui porter des secours, on n'hésite pas à demander à Dieu son soulagement et sa conservation. *Adjuva eum et salvus erit* (3).

---

(1) S. Mathieu, ch. 19, v. 19.
(2) S. Mathieu, ch. 5, v. 24.
(3) Ps. 118.

Une lugubre harmonie annonce un trépas : est-il un chrétien qui ne soit pas ému, attendri, effrayé, quand cette voix de la mort semble lui crier : ayez pitié de moi, vous, au moins, mes amis ? *Miseremini mei, saltem, vos, amici mei* (1). Mais l'étranger qui entend cette plainte touchante, cédant à un mouvement subit de charité, récite une prière pour le repos de l'âme de cet inconnu. C'est peut-être un père, dont les nombreux enfans, pressés par la faim, vont le redemander à leur mère, qui s'écrie, dans son désespoir : est-il une douleur semblable à ma douleur ? *Videte si est dolor sicut dolor meus* (2).

Ne serait-ce pas une épouse vertueuse qui laisse un époux fidèle dans l'affreuse solitude du veuvage ? Si c'était un fils laborieux, l'unique espérance de ses vieux et pauvres parens ! Hélas ! c'est peut-être déjà une vierge adolescente, seul et premier gage d'une chaste union, qui vient de disparaître comme une fleur : *quasi flos egreditur* (3).

Le son général et funèbre des cloches annonce, chaque année, à la tendresse maternelle, à la piété filiale, et même à l'amitié, que l'Eglise, cette mère tendre, qui n'oublie aucun des enfans qu'elle a perdus, consacre au repos de leurs âmes une de ses grandes solennités, et qu'elle nous invite tous à revenir déposer une nouvelle offrande de nos

_______________

(1) Job, 19.
(2) Jérémie, ch. 1 , v. 12.
(3) Job, 14.

prières et de nos larmes sur la tombe de ceux que nous avons pleurés.

La France entière pleurait, lorsque la voix lamentable des cloches donna le signal du deuil, pour un Prince du sang de nos Rois, qu'un crime abominable venait d'enlever à l'espérance, d'arracher à l'amour de tous les Français, entre les bras de la jeune et vertueuse épouse, dépositaire de leur bonheur.

Elles ne se sont pas fait entendre dans ces temps d'un terrible délire, où *la reine des nations*, la France, *devenue veuve*, a confié tant de pleurs à la nuit. *Facta est vidua regina gentium* (1); *plorans ploravit in nocte* (2). Rien ne pouvait la consoler, *non est qui consoletur eam* (3); pas même le son des cloches. Elles n'existaient plus; elles avaient été profanées, brisées; une partie, transformée en tubes foudroyans, portait la mort; l'autre, préservée, par la Providence, toujours attentive aux besoins du peuple, *gémissant* et *demandant du pain*, *gemens et quærens panem*, était devenue le pesant et modique salaire d'un long et pénible travail. *Dederunt pretiosa quæque pro cibo ad refocillandam animam eorum* (4).

Les cloches que l'Eglise fait servir d'organes à sa voix,

---

(1) Jérémie, ch. i , v. i.
(2) *Idem*, v. 2.
(3) *Idem*.
(4) *Idem*.

d'interprètes à ses vœux, n'annoncent pas toujours le deuil et les tribulations ; leurs sons de pompe et d'allégresse semblent manifester les fêtes éternelles de la céleste Sion. Des sons joyeux se font entendre ; ils nous apprennent que deux époux vont contracter un engagement sacré et se jurer, en face des autels, une inviolable fidélité. *Quod ergo Deus conjunxit, homo non separet* (1).

C'est encore une joyeuse mélodie qui nous apprend qu'un enfant vient de naître : l'Eglise se réjouit de compter un chrétien de plus dans son sein.

La cymbale du Seigneur joint aussi les pieux accens de sa voix à la bouche tonnante de l'airain triomphal ; ensemble elles célèbrent et nos victoires, et nos allégresses, et nos actions de grâces.

Le beau jour qui énivra de joie et de bonheur tous les Français, où le bon Roi long-temps désiré, trop long-temps attendu, mais annoncé par *l'auguste Français*, ce précurseur bien-aimé, parut accompagné de la fille unique, de la fille chérie de la France, les cymbales triomphantes de la religion et de la monarchie nous disaient ensemble : Voici le jour que le Seigneur a fait ! réjouissons-nous, livrons-nous à l'allégresse. *Hæc dies quam fecit Dominus, exultemus et lætemur in eâ* (2).

La naissance miraculeuse de l'auguste enfant si cher à la France, fut encore pour nous un beau jour. Aussi l'une et

---

(1) S. Mathieu, ch. 19, v. 6.
(2) Ps. 117.

l'autre semblaient nous dire, comme les anges révélant à la terre un Rédempteur : « Ne craignez plus, je vous an- « nonce une grande nouvelle qui sera un sujet de joie « pour le peuple : c'est que dans la cité de saint Louis, il « vous est né aujourd'hui un Sauveur. » *Nolite timere, evangelizo vobis gaudium magnum, quod erit omni po- pulo ; quia natus est vobis hodiè Salvator.* Saint Luc, chap. 10 et 11.

Organes de la foi et de la gloire, elles ont encore en- semble célébré les hauts faits d'un nouveau Maccabée, d'un fils de saint Louis, qui, armé de la double épée de Gédéon et de Josué, ~~et qui~~ fut envoyé pour attaquer, et qui fit tomber devant lui et les remparts et les idoles des révoltés, depuis la Bidassoa jusqu'au Trocadéro ; rendit à un roi opprimé son trône ; le sanctuaire aux pontifes outragés ; le toit paternel aux familles errantes, désolées ; et modeste, chargé de lauriers et de bénédictions, revint déposer ces glorieuses, ces saintes dépouilles aux genoux de son Roi, qui lui avait donné sa mission, et aux pieds de son Dieu, qui enseigne l'art des batailles, qui lui a fait don d'un bras d'airain pour combattre, l'a revêtu de la force pour vaincre, et a mis sous ses pieds les insurgés. *Qui docet manus ad prælium, et posuisti ut arcum æreum brachia mea; præcinxisti me virtute ad bellum et supplantasti insurgentes.* Ps. 17, v. 37 et 43.

O vous, paisibles habitans des campagnes, vous vous êtes associés à nos douleurs comme à nos allégresses ; mais pour vous ramener aux douces émotions qui vous sont journalières, dites-nous de quels sentimens religieux vous êtes pénétrés, lorsque, livrés à vos travaux pendant la célébration des saints mystères, vous entendez de loin le tintement qui annonce l'instant où le prêtre élève et montre aux assistans prosternés, le corps du Dieu vivant, du Rédempteur renouvelant pour nous sur l'autel, le sacrifice de la croix ? Dites-nous quelles impressions vous éprouvez, lorsque l'*Angelus* vous donne le signal du travail, du repos et du délassement ? Eloignés, n'éprouvez-vous pas le besoin de vous rapprocher, par la prière, de vos femmes et de vos enfans, qui trois fois dans la journée appellent, par l'intercession de Marie, la bénédiction du ciel sur vous et sur vos travaux ? Avec quelle reconnaissante édification vous rentrez au sein d'une famille où se maintiennent ces pieuses pratiques ! rafraîchis pas ce touchant spectacle, vous oubliez les fatigues du jour, et goûtez, dans le calme de la piété, toutes les douceurs de la nuit. Ce calme heureux, il n'est pas donné à tous vos frères d'en jouir. Un voyageur s'est égaré dans une forêt dont les chemins lui sont inconnus ; errant, incertain sur la direction qu'il doit prendre, inquiet sur le sort qui l'attend pendant une nuit sombre qui approche, que n'a-t-il pas à craindre des animaux malfaisans ! peut-être, hélas ! de ses semblables, plus redoutables encore ! Dans cette cruelle perplexité, le tintement hospitalier de la cloche du Seigneur retentit à son oreille. Tressaillant de joie, il s'élance rassuré vers le lieu d'où lui vient cette voix bienfaisante ; elle lui a dit que là résident des chrétiens ; il est sûr d'y trouver un asile.

Que d'heureux souvenirs n'aurais-je pas à vous retracer ! que de pieuses émotions n'aurais-je pas à vous peindre, si je continuais le tableau de tout ce que fait naître le son des cloches dans une âme vraiment chrétienne! Celles que nous allons bénir, vous ne pourrez pas les entendre avec indifférence : elles vous rappelleront cette pieuse cérémonie qui long-temps sera pour vous une époque comme un motif d'édification; elles retraceront à vos cœurs ces personnes d'un haut rang, aussi vénérables par leurs bonnes œuvres, que recommandables par les bienfaits de leurs aïeux, qui ont bien voulu se présenter elles-mêmes à cette solennité, et vous donner un nouveau gage de bonté, en couronnant d'une nouvelle offrande, en décorant de leurs noms ces instrumens de votre salut.

Toutes les fois qu'il retentira dans les airs, le son de vos cloches redira à ces personnes bienfaisantes, qu'elles ont pris pour vos pauvres, vos malades, vos vieillards, vos veuves, vos orphelins, un saint engagement d'intérêt et de commisération. Tandis que le signal de la prière appellera, d'une part, sur vous, un souvenir de bienveillance; de l'autre, il excitera dans vos âmes le sentiment, et élèvera vers le ciel l'encens de votre gratitude.

Enfin, chrétiens, ces nouvelles cloches vont devenir pour vous la voix de vos pasteurs, qui remplissent cette paroisse de vertus; vous les suivrez dans le temple; ils vous introduiront avec joie jusque dans le sanctuaire; vous chanterez

( 13 )

avec eux les louanges du Très-Haut. Associés à la célébration des solennités, vous serez admis au partage des
sanctifications.

PARIS, A. ÉGRON, IMPRIMEUR DE MONSEIGNEUR LE DAUPHIN. (1825).